पेंशनर

D1830985

पेंशनर

धीरेन्द्र सिंह जफ़ा

वाणी प्रकाशन

वाणी प्रकाशन

4695, 21-ए, दरियागंज, नयी दिल्ली 110 002

फ़ोन : +91 11 23273167 फ़ैक्स : +91 11 23275710

शाखाएँ

अशोक राजपथ, पटना 800 004, बिहार

कॉफ़ी हाउस कैम्पस, महात्मा गांधी मार्ग, इलाहाबाद 211 001, उत्तर प्रदेश

महात्मा गांधी अन्तरराष्ट्रीय हिन्दी विश्वविद्यालय, वर्धा 442 001, महाराष्ट्र

सुल्तानिया रोड, मोतिया पार्क, भोपाल 462 001, मध्य प्रदेश

www.vaniprakashan.com
marketing@vaniprakashan.in
sales@vaniprakashan.in

PENSIONER
by Dhirendra Singh Jafa

ISBN : 978-93-89915-29-7
Story

© धीरेन्द्र सिंह जफ़ा सम्पत्ति

प्रथम संस्करण 2020

मूल्य : ₹ 50

इस पुस्तक के किसी भी अंश को किसी भी माध्यम में प्रयोग करने के लिए प्रकाशक से लिखित अनुमति लेना अनिवार्य है।

सिटी प्रेस, दिल्ली-110 095 में मुद्रित

वाणी प्रकाशन का लोगो मक़बूल फ़िदा हुसेन की कूची से

बिपिन बाबू जीवन के साठ साल पूरे कर चुके थे। वे मृदुभाषी थे, सन्तुलित भाषा बोलते थे, दुश्मनों तक के लिए अपशब्द प्रयोग नहीं करते थे। खाते-पीते घराने में जन्मे थे, पुरखों की ज़मीन-जायदाद केवल महफूज़ ही नहीं रखी बल्कि उसमें इज़ाफ़ा भी किया। इस महँगाई के समय में भी शानोशौक़त से रहते थे और ज़रूरतमन्दों की थोड़ी बहुत मदद भी कर देते थे। इस सब के साथ ज़िले के अफ़सरों के बीच भी उनकी अच्छी पैठ थी। बहरहाल बिपिन बाबू इस समय समाज में एक अगुआ की भूमिका निभाने के लिए बहुत उपयुक्त व्यक्ति थे। कालेजों, स्कूलों के प्रबन्धन से लेकर मलिन बस्तियों के सुधार, मन्दिरों के जीर्णोद्धार, ग़रीब लड़कियों के विवाह, विधवाओं के पुनर्विवाह, दंगे-फ़सादों में अमन-चैन आदि-आदि के लिए हर प्रकार की कमेटी, समिति, संघ, संगत में उनकी माँग थी। अध्यक्ष से लेकर संयोजक तथा संरक्षक तक किसी भी पद पर उन्हें सुशोभित करने के लिए समितियों में होड़ लगी रहती थी। परन्तु बिपिन बाबू थे जो अथाह आग्रह पर भी एक मामूली सदस्य की भूमिका से आगे बढ़ते ही न थे। परामर्श और सहायता के लिए तो वे तैयार रहते थे, परन्तु जिस सभा में

उनकी एकल राय न चल पाये, उस संगत का भार और दायित्व वे अपने सिर पर लेने से कतराते थे। वे देख चुके थे कि मीटिंगों में लोग समस्याओं, शिकायतों की झड़ी तो लगा देते हैं, परन्तु किसी हल पर सहमत नहीं होते हैं। यदि कोई निर्णय हो भी जाये तो उसके क्रियान्वयन के समय नदारत हो जाते हैं। ऐसी स्थितियों से वे अपने को अलग रखना चाहते थे। अतः वे अनगिनत सस्थाओं से जुड़ तो चुके थे, परन्तु किसी पद को कभी स्वीकार नहीं करते और सस्थाओं में अपनी सदस्यता का आभास उन्हें अधिकतर चन्दा देते समय ही होता था।

इसी क्रम में शहर में एक नयी संस्था का सृजन हुआ—वरिष्ठ नागरिक सभा। इसके कर्ताधर्ता रिटायर्ड सीनियर इंस्पेक्टर ऑफ स्कूल्स श्री चक्रधर जी थे। उन्होंने स्वयं आकर संस्था का प्रारूप, उसके सिद्धान्त, उसका ध्येय बिपिन बाबू के समक्ष प्रस्तुत किया। चक्रधर जी का अनुनय इतना प्रभावी था कि बिपिन बाबू के पास सदस्यता ग्रहण न करने का कोई तर्क बचता नहीं दिखा। अनजाने में चक्रधर जी यह कह बैठे कि कुछ ग़ैरसरकारी प्रतिष्ठानों में अवकाश-प्राप्ति की आयु 65 वर्ष कर दी गयी है, इसलिए सभा की सदस्यता के लिए भी यही आयु रखी गयी है। यह सुनते ही बिपिन बाबू का रोम-रोम खिल उठा। वे तुरन्त बोले, "अब देखिए मैं चाह कर भी सभा का सदस्य नहीं बन सकता। मैंने 62 वर्ष ही पूरे किये हैं। वैसे मैं जिस लायक हूँ, आपके लिए हाज़िर हूँ।"

चक्रधर जी निराश तो हुए परन्तु हार न माने। तीन सप्ताह के अन्तराल पर वे बिपिन बाबू की बैठक में पुनः उपस्थित हुए। कुर्सी पर बैठते ही उन्होंने कहा, "बाबू जी, आपके नाम पर हमारे सदस्य इतने उत्साहित और हर्षित हुए कि उन्होंने तुरन्त विशेष बैठक बुला कर सदस्यता आयु 60 वर्ष कर दी। आख़िर आप चाहें और काम न हो?" सौ रुपये देकर बिपिन बाबू वरिष्ठ नागरिक सभा के आजीवन सदस्य बन गये।

सभा की अगली मीटिंग के लिए दो सदस्य उनको घर से आकर ले गये। सम्मान और अभिवादन के साथ बिपिन बाबू को अध्यक्ष जी के बगल बिठाया गया। कार्यवाही चलने लगी। जब नये बिन्दु उठाने का समय आया तो एक सज्जन ने कहा, "अब हम लोग बूढ़े और क्षीण हो चले हैं, अधिक कष्ट नहीं उठा पाते। जहाँ देखिए लाइनें लगी हैं, धूप में, बरसात में, घंटों खड़ा रहना पड़ता है। वरिष्ठ नागरिकों के लिए अलग व्यवस्था होनी चाहिए।"

दूसरे सज्जन बोले, "पेंशन लेने में दो से तीन घंटे लग जाते हैं। न बैठने की व्यवस्था है, न पानी, न पंखा। हमने पूरा जीवन सेवा में दे डाला, क्या सरकार हमारे लिए इतनी भी व्यवस्था नहीं कर सकती?"

एक रिटायर्ड पुलिस इंस्पेक्टर ने कहा, "अस्पताल में तो लाइन लगाइये, बैंक में तो लाइन लगाइये। अरे कोई नहीं पूछता, कोई नहीं सुनता...।"

ज़ाहिर था कि अधिकारी, कर्मचारी और आम आदमी अब बराबर हो चुके थे, यह तथ्य स्वीकारना कष्टदायी हो रहा था। बहरहाल बिपिन बाबू के सुझाव पर निर्णय हुआ कि एक तीन सदस्यीय कमेटी अलग-अलग संस्थाओं जैसे बैंक, अस्पताल आदि के हुक्मरानों से आग्रह करेगी कि वरिष्ठ नागरिकों के लिए अलग लाइन लगवाई जाये और उनके कार्य को प्राथमिकता दी जाये। प्रस्ताव पारित होते ही सब लोग बिपिन बाबू की ओर आशावान निगाहों से देखने लगे, जैसे कि उनका कष्ट दूर होने में अब देर नहीं लगेगी।

अगले महीने की बैठक के लिए फिर दो सदस्य बिपिन बाबू के घर पहुँचकर उनको ससम्मान ले आये। बिपिन बाबू को मीटिंग से बचने का अवसर न मिला। परन्तु इस बैठक में बुढ़ापे की समस्याओं का एक अन्य पहलू सामने आया। सभा के वयोवृद्ध सदस्य श्री दुर्गादास जी की अनुपस्थिति पर अध्यक्ष जी ने चिन्ता व्यक्त करते हुए अन्य सदस्यों से उनकी कुशलता के बारे में पूछा। जवाब में दुर्गादास जी

के पड़ोसी मिश्र जी ने कहा, "अस्वस्थ तो वे रहते ही हैं...कोई देखभाल भी नहीं होती...दवा तक समय से कोई लाकर नहीं देता।"

यह सुनते ही केवलराम जी फफककर रोने लगे। उपस्थित लोग उनको ढाँढस बँधा कर उनकी व्यथा का कारण पूछने लगे। एक-दो घूँट पानी पीने के पश्चात् वे शान्त हुए और सबके आग्रह पर आपबीती सुनाने लगे।

वे बोले, "इस तरह की परिस्थिति में दुर्गादास जी अकेले नहीं हैं। हममें अधिकांश वृद्ध ऐसी उपेक्षा से त्रस्त हैं, लोकलाज से उसका ज़िक्र करने से हिचकते हैं। अभी तक मैं भी ख़ामोश रहा, परन्तु आज मेरे आँसू रुक न पाये।"

केवलराम जी ने एक-दो आँसू फिर से पोंछे, साथियों के आग्रह पर बात आगे बढ़ाने लगे।

रिटायर होने पर केवलराम एक अद्भुत स्वतन्त्रता का आभास करने लगे थे। उनको नौकरी की आधी तनख़्वाह गँवाने का कोई दुःख नहीं था। विधुरावस्था में अकेले ही पारिवारिक दायित्व निभाने में सफल हो चुके थे, दोनों पुत्रों की नौकरी लग चुकी थी। छोटा पुत्र अन्य प्रान्त के एक छोटे क़स्बे में वन विभाग में तैनात था। उसके पास आना-जाना कठिन था और रहना वनवास जैसा। अतः एक बड़े शहर में कालेज लेक्चरर ज्येष्ठ पुत्र के साथ रहने का मन उन्होंने बनाया। उस शहर में एक प्लॉट ख़रीदा, चार कमरे के मकान का निर्माण कराया, और अवकाश-प्राप्ति के कुछ महीने पहले बड़े बेटे के परिवार को उस निवास में स्थापित कर दिया। इस समय वे अपनी दूरदर्शिता एवं समयोचित कार्यशैली को स्वयं सराह कर बड़े आह्लादित होते थे।

नौकरी के अन्तिम दिन ज्येष्ठ पुत्र सवेरे ही सपरिवार उनके क्वार्टर पर पहुँच गया। बच्चों को सहसा अपने सामने पाकर बाबूजी हर्षित हो उठे और खुशी से उनका गला रुँध आया।

बहू ने तुरन्त कहा, "आज आपके जीवन का बहुत महत्त्वपूर्ण दिन है। इसलिए मैंने इनसे कहा कि हम सबको आपके पास

होना चाहिए। हमारा सुख तो आपके संरक्षण में ही निश्चित है। अब आप यहाँ एक दिन भी नहीं रहेंगे। सामान आदि हम लोग सँभाल लेंगे। बस आप सरकारी कामकाज समाप्त कीजिए और घर चलिए।"

घर पहुँचते ही केवलराम जी का सामान बैठक के बराबर वाले कमरे में लगा दिया गया। उनके मनपसन्द खाने से लेकर नहाने-धोने की व्यवस्था बहूरानी स्वयं देखती थी। यहाँ तक कि बाबूजी को बरामदे से अख़बार तक नहीं उठाने देती थी। और बच्चे—वे तो चौबीस घंटे बाबा के ऊपर चढ़े रहते थे। पुत्र स्वयं अपने मन से तो पिता के लिए कुछ ख़ास नहीं करता था, परन्तु अपनी पत्नी के कहने पर तुरन्त अपने बाबूजी के काम के लिए तत्परता दिखाता था। यह अवश्य था कि उसकी पत्नी ऐसे कार्यों के लिए उसी समय कहती थी जब बाबूजी आसपास हों और सुन रहे हों।

कुछ दिनों में केवलराम जी के फंड के चेक आ पहुँचे। लिफ़ाफ़ा बहू ने ही खोला था। उसी के सुझाव पर रात में बढ़िया भोजन बना, उसके पश्चात् जब बाबूजी परिवार की निकटता का आनन्द ले रहे थे तो पुत्र ने कहा, "यह बता रही थी कि आपके फंड आदि के पेमेंट आ गये हैं। कहीं निवेश करने से पहले लोगों से राय ले लीजिएगा। आज कल फ्ऱाड बहुत हो रहे हैं।"

बाबूजी शान्त रहे, परन्तु तीन दिन के बाद बेटे बहू से बोले, "वह फंड के रुपयों के बारे में...मैं सोचता हूँ कि अब मेरी तो कोई ख़ास आवश्यकता बची नहीं हैं, पेंशन ही मेरे लिए काफ़ी है। अब तुम सब के भविष्य के लिए ही सोचना है।"

बहूरानी तुरन्त बाबूजी के पैर दबाने बैठ गयीं। फिर पतिदेव से बोलीं, "आप कॉफ़ी मुझसे अच्छी बनाते हैं...आज बाबूजी के लिए बना दीजिए न...इन्होंने कई दिनों से नहीं पी है।"

बाबूजी गद्‌गद होकर अपना प्लान बताने लगे। बोले, "छोटे के तो कोई बच्चा है नहीं। शादी के पाँच साल होने को हैं,

मैं तो अब निराश हो चुका हूँ। मैंने फ़ैसला किया है कि पोते, पोती को मिलाकर अपने छह बच्चों को बराबर का हिस्सा दूँ। सबके नाम अलग-अलग जमा कर दूँगा। छोटे बच्चों का गार्जियन बहू को बना दूँगा, पैसा इन दोनों की पढ़ाई, शादी के काम आयेगा।"

बहूरानी का चेहरा खिल उठा, चार हिस्से उनके, केवल दो देवर जी के। और यह मकान भी अब उनके कब्ज़े से कौन निकाल पायेगा। ख़ैर बाबूजी की ख़ातिर-तवाज़ो दुगनी हो गयी, बैंक के काग़ज़ात पूरे होने तक किसी प्रकार की ढिलाई नहीं की जा सकती थी। कुछ दिनों तक सब कुछ ठीक चला, फिर धीरे-धीरे बदलाव आने लगा। बात अख़बार से शुरू हुई, कोई बरामदे से उठाकर अब नहीं लाता था, स्वयं ही लाना पड़ता था। सुबह की चाय में भी देरी शुरू हो गयी, पहले प्राथमिकता उनके चाय के प्याले को मिलती थी, अब बच्चों के नाश्ते और टिफ़िन को मिलने लगी। एक बार ज़्यादा ही तलब लगी तो बहू से चाय के लिए पूछ बैठे। जवाब मिला, "अगर स्कूल की बस छूट गयी तो और मुसीबत, बच्चों को रिक्शा से पहुँचाएँ, ख़र्चा अलग से। बच्चों को जाने दीजिए, बाद में बना दूँगी।"

अगला हमला उनकी सिगरेट की चाहत पर हुआ। केवलराम जी ने जीवन में एक ही व्यसन पाला था परन्तु वह भी बड़े नियन्त्रित रूप में। दिन में चार सिगरेट से अधिक का सेवन उन्होंने जीवनपर्यन्त नहीं किया। कभी भी पूरी डिब्बी नहीं ख़रीदी, इस विचार से कि असावधानी में प्रलोभन उनके संयम को पतन की ओर न ले जाने पाये। अतः छुट्टी सिगरेट से ही काम चलाते थे। परन्तु अब उसके लिए बहू से कहना होता था, क्योंकि पैसा वही देती थी। और लाने के लिए झाड़ूबुहार वाली या चौकाबर्तन वाली को भेजना होता था। शुरू में तो कभी-कभी बहू स्वयं ही सड़क के कोने वाली गुमटी से सिगरेट ले आती थी, परन्तु अब हीलाहवाली होने लगी थी। सिगरेट के स्थान पर अब लेक्चर मिलता था–

अब इस उम्र में यह व्यसन ठीक नहीं है, बीमारियों को न्योता देना है, सिगरेट कम कीजिए।

फिर कभी—रात भर खाँसते हैं, पर यह कमबख़्त सिगरेट बन्द ही नहीं होती। अपने जीवन में तो मैं आपको ऐसा नहीं करने दूँगी।

फिर—देखा अभी तक खाँसी ठीक नहीं है, कल ही तो बयालीस रुपये की दवा आयी है।

बाबूजी को ज़िन्दगी में कभी खाँसी नहीं हुई थी। उनका कभी-कभार गला साफ़ करना ही बहूरानी को एक बहाना दे देता था। असल में सिगरेट का व्यय बहूरानी को रास नहीं आता था। जिस दिन से केवलराम जी ने पेंशन का पूरा पैसा घर पहुँचते ही बहू को थमाया था, उसी समय से वह धन बहू का हो गया था। अब तो पेंशन का पूरा का पूरा पैसा उनसे माँग लेती थी। और एक बार वह धन उसके पर्स में गया तो उसका उपयोग अपने बच्चों, स्वयं और पति के लिए तक तो ठीक था परन्तु और किसी के लिए जेब कटने जैसा था। आरम्भ के प्रेम और आत्मीयता से प्रेरित होकर केवलराम जी स्वयं बहू के अधीन हो चुके थे। एक साल के अन्तराल में छोटी-से-छोटी इच्छापूर्ति के लिए उन्हें बहू की ओर निहारना पड़ता था। अब अपना वर्चस्व पुनः स्थापित करने के लिए न उनमें साहस था, न इच्छा-शक्ति।

सभा की ओर देखते हुए उन्होंने कहा, "अब तो हालत यह हो गयी है कि पेंशन के दिन बहूरानी स्वयं मेरे साथ रिक्शे में बैठकर कोषागार जाती है। दस्तख़त तो मैं करता हूँ, पैसा वो झटक लेती है। लौटते समय एक सिगरेट अवश्य दिला देती है।"

यह कहकर केवलराम जी फिर रोने लगे। सुमन जी ने कहा, "अरे ये सब आप कैसे होने देते हैं? फंड के पैसे से तो आप हाथ धो बैठे हैं, मगर पेंशन तो आप ही लेते हैं, अपने हाथ में क्यों नहीं रखते?"

केवलराम जी बोले, "आपने कहा और हो गया? कोषागार में क्या अपनी बहू से हाथापाई करूँ? आप ऐसा कर सकते हैं?"

अन्य सदस्य भौचक्के से केवलराम जी की ओर देखते रहे। स्पष्ट हो चुका था कि पारिवारिक जीवन के मैदान-ए-जंग में केवलराम जी आत्मसमर्पण कर चुके थे, उनका जीवन और नारकीय बनना और अन्त में उनकी विदाई एक अत्यन्त उत्पीड़ित आत्मा के रूप में होनी निश्चित थी।

एक के बाद एक, इसी तरह के क़िस्से चलते रहे। एक सज्जन अपने ही मकान के बरामदे में पड़े रहते थे, तो दूसरे को परिवार ने उन्हें बरसाती में पहुँचा दिया था। अपनी पसन्द का खाना न मिलना, बीमारी में तीमारदारी न होना, इलाज में हीलाहवाली, बच्चों को स्कूल पहुँचाना, घर की रखवाली करना, मिस्त्री मज़दूर से काम करवाना, बहू के लिए रिक्शा बुलाना—यही उनकी दिनचर्या थी। बाक़ी समय मिलने वालों अथवा रिश्तेदारों से कानाफूसी और दबी ज़बान में शिकवा-शिकायत।

बिपिन बाबू को लगा कि अधिकांश पेंशनयाफ़्ता, विशेषकर विधुर, जीवन में अकेले रह गये थे। संगी-साथी के अभाव में उनका भावनात्मक लगाव परिवार के सदस्यों पर केन्द्रित होना स्वाभाविक था। इस स्थिति में घर की कर्ताधर्ता यानी बहू की ओर से थोड़ा प्रेम, थोड़ी सहानुभूति, थोड़ी सेवा-शुश्रूषा चाहे छद्म ही सही, इन बूढ़े लोगों को अपने वश में करने में पर्याप्त होते थे। उसके पश्चात् यह बहू की प्रवृत्ति एवं स्वभाव पर निर्भर था कि बुज़ुर्गवार सम्मान और सन्तोष से दिन बिताएँगे अथवा उपेक्षा और ग्लानि में। बिपिन बाबू को लगा कि सम्भवतः केवलराम जी और उनके प्रकार के अन्य व्यक्ति अपनी बहूरानियों के मामले में अधिक भाग्यशाली नहीं थे।

* * * * *

इसी बीच बिपिन बाबू को दिल्ली जाने का अवसर मिला। ऐसी यात्राओं में वे अपने पुराने संगी-साथियों, मित्रों से मिलने का प्रयास अवश्य करते थे। इस बार उनको चोपड़ा साहब की याद आयी जो चीफ़ इंजीनियर पद से रिटायर होकर दिल्ली की

पंजाबी बाग कालोनी में बेटे-बहू के साथ रह रहे थे। जैसा पद और पैसा था उसी हिसाब से बँगला बनवाया था—पाँच बेडरूम, छह बाथरूम, बैठने-खाने के लिए बड़े हॉल, सामने लॉन, पीछे गैरिज और नौकरों के कक्ष जो सुविधाओं के मामले में मालिक से केवल थोड़ा उन्नीस। गैरिज के ऊपर एक-दो कमरों का कक्ष था जिसके साथ बाथरूम और छोटा-सा किचन भी था। दूरदराज़ के रिश्तेदार और कम हैसियत वाले परिचितों को ठहराने के काम आता था।

अकेले हो जाने के बाद भी चोपड़ा साहब बड़े बेडरूम में ही रहते थे। उससे सटा हुआ एक अन्य भव्य बेडरूम था जो थोड़ा ही छोटा था और एक दरवाज़े के माध्यम से जुड़ा हुआ था। इन कक्षों के सामने एक हॉल था जिसके दूसरी ओर तीन अलग-अलग बेडरूम और थे। हॉल सोफ़े इत्यादि से सुसज्जित था जहाँ बैठकर पूरा परिवार एवं मित्रगण टी.वी. पर क्रिकेट मैचों का आनन्द, चाय की चुस्कियों और सूक्ष्म जलपान के साथ ले सकते थे।

बेटा अकेली सन्तान था, योग्य था, अच्छी नौकरी में था। बहू भी लाखों में एक थी—स्मार्ट, आकर्षक, फ़ैशन और स्टाइल वाली। घर आने वाले मुग्ध हो जाते थे, उसकी मेहमाननवाज़ी की तारीफ़ों के पुल बाँध जाते थे। उसकी दावतें दिल्ली में मशहूर हो चली थीं, हाई सोसाइटी के लोग उसके निमन्त्रण की प्रतीक्षा करते थे।

बस, घर के नौकर अवश्य सहमे रहते थे। ज़रा-सी चूक और पता नहीं क्या आफ़त आ जाये, यहाँ तक कि बहू जी के तमाचे भी लग जायें, बात-बात पर डाँट, घुड़की, काम के समय की सीमा ही नहीं, हर आये दिन रात के बारह बजते, सुबह फिर छह से ड्यूटी। बस बड़े साहब के व्यवहार और अच्छी तनख़्वाह के कारण सब कुछ सहते। बड़े साहब बहू को शान्त रहने की सलाह देते, कभी-कभार उनके प्रकोप से नौकरों को बचा भी लेते, परन्तु अब तो बहूरानी उन तक को घुड़क देती थीं, उनको बीच में बोलने से मना कर देती थीं। सुपुत्र थे जो मौन रहने और हवा के साथ बहने में ही अपनी भलाई समझते थे। घर में बहू की ही चलती,

पति और ससुर नाममात्र के मर्द थे, हर मसले पर बहू के तर्क और उसकी मर्ज़ी के आगे झुक जाते थे।

चोपड़ा साहब की शानोशौक़त, भव्य रहन-सहन को देखकर बिपिन बाबू के मन में थोड़ी ईर्ष्या होनी स्वाभाविक थी, परन्तु मित्र की आत्मीयता और व्यवहार उनको एक शुभचिन्तक के दायरे में ही रहने को विवश करते थे। चोपड़ा साहब उनको हितैषी मानने लगे थे, इतना कि पुत्र की उदासीनता और बहू की बढ़ती हुई दख़लन्दाज़ी और मनमानी का ज़िक्र अक्सर शिकायत के रूप में कर देते थे। बिपिन बाबू को लगा जैसे ऊपरी हँसमुखपन के नीचे किसी गहरे असन्तोष की धारा बह रही हो। परन्तु इसे परिवार का आपसी मामला जान कर उन्होंने इसे कुरेदने की कोशिश नहीं की।

इस बार दिल्ली पहुँचकर बिपिन बाबू ने तुरन्त चोपड़ा साहब को मोबाइल पर फ़ोन मिलाया।

"दिल्ली आ गये क्या? या गाँव में घुसे बैठे हो"—चोपड़ा साहब ने चिरपरिचित अन्दाज़ में कहा।

"यह बताओ मोटरगाड़ी कब भेज रहे हो? यहाँ बैलगाड़ी तो चलेगी नहीं"—बिपिन बाबू बोले।

"ठहरे कहाँ हो?"

"इस बार यू.पी. भवन में हूँ।"

"अरे फिर क्या, बाहर निकलो और बायें को चल दो। बगल की बिल्डिंग में मैं हूँ—मौर्या में, मौर्याशेरेटन होटल में। यहीं चले आओ, सीधे कमरा नं. 512 में।"

'कमरा नं. 512? यह क्या?"

"अरे आओ तो सही, या टेलीफ़ोन पर ही बतियाते रहोगे?"

बिपिन बाबू ने अच्छा कहकर फ़ोन काट दिया। सोचने लगे बड़े आदमी हैं, कोई नयी बिज़नेस डील सूझ गयी होगी, तभी होटल में बैठे होंगे। तैयार होकर बाहर निकले, गर्मी थी सो पैदल नहीं चलना चाहते थे। एक ख़ाली ऑटो में बैठ गये, ड्राइवर के

हाथ में पचास का नोट रखा और मौर्या होटल के बाहर छोड़ने को कहा।

बिपिन बाबू ने थोड़ी देर में कमरा नं. 512 पर दस्तक दी। अन्दर से 'कम इन' की आवाज़ आयी। कक्ष में प्रवेश करते ही उन्होंने देखा कि चोपड़ा साहब बिस्तर में तकियों के सहारे बैठे हुए हैं। मित्र को देख जल्दी से उठे और बिपिन बाबू के गले लग गये। जब अलग हुए तो बिपिन बाबू ने देखा कि चोपड़ा साहब की आँखें नम थीं, वे मुश्किल से रुलाई दबा पा रहे थे। बिपिन बाबू ने हलके से उनको सोफ़े पर बिठाया और स्वयं पास बैठ कर बोले, "बताओ यह सब क्या...?"

सोफ़े पर बैठ कर चोपड़ा साहब फफक कर रो लिए, फिर रुमाल से आँसू पोंछ और नाक साफ़ कर बोले, "कुछ कॉफ़ी पी लो।"

टेबिल पर रखा फ़ोन उठाकर उन्होंने कॉफ़ी का ऑर्डर दिया। जब तक वेटर कॉफ़ी पेश कर के चला नहीं गया दोनों मित्र चुपचाप ही बैठे रहे। बिपिन बाबू वक़्त की नज़ाकत समझ रहे थे, इन हालात पर कुछ कहना या न कहना और कहना तो कितना कहना, यह केवल चोपड़ा साहब का निर्णय हो सकता था, उनका काम तो बस मन हलका करने के लिए दोस्त की मदद करना था।

कॉफ़ी पीते-पीते चोपड़ा साहब बोले, "याद है, जब तुम पिछली बार आये थे तो बहू अपने रिश्तेदारों के आने की तैयारी में कैसे घर ठीक करा रही थी, कैसे नौकरों को हड़का रही थी, झाड़-पोंछा वालों के पीछे पड़ी थी, कुक को मसाला तेज़ न करने के लिए डाँट रही थी? बस वह तो ट्रेलर था। उसके बाद उसके रिश्तेदारों का ताँता लगा रहा, सारे नौकर-चाकर मेहमानों की सेवा में जुटे रहते थे, मुझे चाय पीनी हो तो खुद किचन में जाकर कहना पड़ता था ख़ैर...यह तो शुरुआत थी।"

बेटा और बहू हॉल के एक ओर के तीन कक्षों में से एक में रहते थे, बगल के कमरे में बहू की माता जी एक महीने से डेरा जमाये थीं। एक दिन वे नाश्ते के समय बोलीं, "बधाई हो

समधी साहब, आप दादा बनने वाले हैं। भगवान की कृपा है कि एक महीना तो ठीक से निकल गया, आगे भी शुभ-शुभ रहेगा।"

चोपड़ा साहब को जैसे करंट मार गया हो। इतनी अहम ख़बर जो उनको बेटे या बहू से तुरन्त मिलनी चाहिए थी वह उनकी समधिन साहिबा इतने अन्तराल के बाद उन्हें सुना रही थीं। एक क्षण उन्होंने सोचा कि बेटा बहू उन्हें अपना मानते भी हैं या नहीं। फिर औपचारिकता में कठिनाई से मुँह पर ख़ुशी लाकर बहू की कुशलक्षेम पूछने लगे। बहू के मन में कुछ और ही था। मौक़ा न गँवाने के लिहाज़ से उसने तुरन्त कहा–'देखिए न पापाजी, अब और तैयारियाँ करनी होंगी। यह तो अच्छा है कि मम्मी जी यहाँ हैं नहीं तो कौन राय देता। और हाँ, अब एक नर्सरी का सोचना पड़ेगा बच्चे के लिए, उसकी आया के लिए, सब इन्तज़ाम करने पड़ेंगे, हो सकता है कि नर्सरी वाले कमरे में कुछ तोड़-फोड़ भी करवानी पड़े। राहुल और मैं कल रात यही प्लानिंग कर रहे थे। राहुल आप पापा जी को बताइये न...।"

सुपुत्र राहुल जी दाँत निकालकर कहने लगे, "पापा जी नर्सरी का कमरा हमारे बेडरूम से मिला रहे तो ही ठीक रहेगा। रात में शालिनी को हॉल में नहीं जाना होगा बगल के कमरे में सट से जा सकेगी, बच्चे को एक-दो बार रात में देखना ही होगा, फ़ीड भी करना होगा...।"

चोपड़ा साहब का दिमाग़ तो अवश्य ठनका परन्तु तुरन्त समझ नहीं पाये कि नर्सरी का मामला किस ओर जा रहा था। सुपुत्र राहुल तो इतना कहकर चुप हो गये, आगे बहू ने स्वयं कमान सँभाल ली। बोली, "पापा जी अब देखिए इस घर में दो ही बेडरूम आपस में मिले हैं–आपका और उसके बगल वाला। राहुल कह रहे थे कि यदि हम लोग वहाँ शिफ्ट हो जायें तो बच्चे के लिए ठीक होगा। बगल के कमरे में मैं आसानी से उसे रात-बिरात देख लूँगी, और आपका मन उससे खेलने का हो तो आपको हम लोगों को डिस्टर्ब भी नहीं करना होगा। वैसे आप जैसा ठीक समझें...।"

बहरहाल चोपड़ा साहब को अपना प्रिय ठिकाना छोड़ कर हॉल के दूसरी ओर एक गेस्ट रूम में जाना पड़ा। नर्सरी बनी, पोता हुआ, हवन पूजन हुए, मेहमानों से घर भरा रहा, समधिन साहिबा भी कई महीनों तक डटी रहीं। समय बढ़ा, बच्चा एक साल का होने वाला था, एक बड़ा जश्न तो पहली सालगिरह पर लाज़मी था। मेहमानों की लिस्ट बनने लगी। चोपड़ा साहब के रिश्तेदार दिल्ली या आसपास के ही रहने वाले थे, उत्सवों में शामिल होकर अपने-अपने घर लौट जाते थे। परन्तु समधियाने वाले करनाल और जालन्धर तक से आते थे, उनके रहने की व्यवस्था घर में ही होनी थी। इतना बड़ा घर होने पर मेहमानों को होटल में ठहराना अटपटा लगता है।

परन्तु इतने मेहमानों के लिए केवल दो बेडरूम? आख़िर में फ़ैसला हुआ कि हॉल में भी चारपाई लगवा दी जायें, क़रीबी रिश्तेदार ही तो आयेंगे, घुल-मिलकर रह लेंगे। परन्तु समस्या बाथरूम की आ रही थी। केवल दो बाथरूम पर्याप्त नहीं होंगे—यदि एक और हो पाता तो काम चल जाता। धात्री माँ और शिशु के बाथरूम में आना-जाना बीमारी को न्योता देना था...तो आख़िर क्या किया जाये?

अन्त में वही हुआ जिसकी योजना काफ़ी समय पहले बन चुकी थी और जिसके क्रियान्वयन की ज़िम्मेदारी घुड़का-घुड़काकर राहुल को सौंपी गयी थी। दबी ज़बान में पुत्र ने पिता से कहा, “पापा इतने मेहमान आपको परेशान कर देंगे, आपकी आदत शान्त जगह में रहने की है, मगर यहाँ तो आपके बगल के कमरों में, हॉल में, यह लोग ऐसा ऊधम मचायेंगे कि आप परेशान हो जायेंगे। मैंने पहले सोचा होता तो यह तमाशा होने ही नहीं देता परन्तु अब निमन्त्रण जा चुके हैं, करूँ तो क्या करूँ...यहाँ केवल दो बाथरूम हैं, ये लोग आपके बाथरूम में घुसने लगे तो आप क्या करेंगे? किसी को डाँट-डपट भी नहीं सकते...।”

चोपड़ा साहब चुप्पी साधे रहे, बोलते तो ग़ुस्सा फट सकता था, यह समय अनबन के लिए नहीं था। आख़िर में राहुल ने बाप के पीछे खड़ी चंडी रूपी बीवी को देखा, हिम्मत जुटा कर हकलाते हुए बोले, "पापा, मैंने गैरिज के ऊपर के कमरे साफ़ करा दिये हैं, वहाँ किसी तरह की परेशानी नहीं होगी, आपको आराम रहेगा, कच-कच से बचे रहेंगे, एकान्त और शान्ति रहेगी...।"

चोपड़ा साहब एक साल के भीतर मास्टर बेडरूम से गेस्टरूम और वहाँ से गैरिज के ऊपर के कक्ष तक का सफ़र पूरा कर चुके थे। मेहमानों का ताँता बन्द नहीं हुआ, इसलिए उनके घर के अन्दर लौटने की नौबत नहीं आयी। उनको और अधिक आराम देने के लिहाज़ से उनका चाय-नाश्ता-खाना भी गैरिज के कमरे में ही परोसा जाने लगा। अर्थात् उनका मुख्य घर में आना-जाना न के बराबर हो गया। उनसे मिलने वालों को भी गैरिज का रास्ता दिखा दिया जाता था यह कहकर कि घर के अन्दर रिपेयर का काम चल रहा है।

मन मसोस कर चोपड़ा साहब घंटों अकेले बैठे रहते थे। दिन में एक-आध बार नीचे उतरकर बगीचे में कुछ समय बिता लेते थे। वे समझ नहीं पा रहे थे कि इकलौता बेटा जिसको लाड़-प्यार से पाला, जिसकी हर इच्छा-पूर्ति के लिए वे जी जान लगा देते थे, विशेषकर उसकी माँ के गुज़र जाने के बाद से, वह बच्चा कैसे विमुख हो गया? उनकी ओर से क्या कमी रह गयी थी, उसके प्रति या उसकी पत्नी के प्रति? आज तक उन्होंने ऊँची आवाज़ में बात नहीं की, उनके पारस्परिक जीवन में दख़ल नहीं दिया, उनके घूमने-फिरने यार-दोस्तों के साथ समय बिताने पर कभी आपत्ति नहीं की, अपनी इच्छाओं, अपनी आवश्यकताओं, अपनी आकांक्षाओं का कभी ज़िक्र तक नहीं किया, नौकरों को पहले बेटे-बहू की सेवा के लिए ही प्रोत्साहित किया, अपना काम बाद में होना स्वीकार किया।

फिर भी बेटा-बहू अपने में मगन, केवल अपने आराम और सुविधा के लिए ही सोचें, सदा बाप से पैसे ऐंठने की फ़िराक में, कभी पर्यटन के लिए, कभी नयी कार के लिए, कभी ससुराल पक्ष की शादियों में उपहार के लिए। यहाँ तक कि उनके बैंक खातों में अपना नाम डलवाने की चर्चा भी शुरू कर चुके थे। पर, न जाने क्या सोचकर, किस आशंका से, किस मार्मिक स्थान पर आघात होने से, उन्होंने एक रेखा खींच दी। सम्भवतः अपनी पत्नी के आख़िरी दिनों में दी गयी हिदायतों का ध्यान जिनमें उस समझदार स्त्री ने उनसे बार-बार कहा था कि वे अपनी विरासत में जिसको चाहें जो चाहें दे दें, परन्तु अपने जीवनकाल में मकान और अपनी चेकबुक अपने ही हाथ में रखें। पत्नी के इस विचार और इस हिदायत का आशय अब उनको स्पष्ट होने लगा और अपनी असली ताक़त, असली पकड़, कायम रखने का उनका इरादा और दृढ़ हो चला।

बेटे-बहू के संवेदना रहित व्यवहार ने धीरे-धीरे चोपड़ा साहब को उनसे विरक्त कर दिया। कभी सामने पड़ने पर कुशलक्षेम पूछ लेते थे, वरना वे अधिकांश समय क्लब और पुराने मित्रों के साथ व्यतीत करने लगे थे। बच्चों का ख़याल भी वे अब अपने मस्तिष्क से ढकेलने लगे थे, उपेक्षा अब उनको आहत नहीं करती थी, उदासीन व्यवहार उनको आक्रोशित नहीं करता था। ऐसे भावशून्य वातावरण में एक दिन सामने पड़ने पर राहुल ने कहा, “हाँ, पापा जी, हम लोग एक महीने के लिए इंग्लैंड जाने वाले हैं। शालिनी के मामा जी ने हॉलीडे के लिए बुलाया है। एक-दो दिन में टिकट-वीज़ा आदि फ़ाइनल हो जायेंगे।”

“बहुत अच्छा, ज़रूर जाओ” कहकर चोपड़ा साहब ने बातचीत बन्द कर दी। साहबज़ादे उनको अपना निर्णय बताने आये थे, राय अथवा आज्ञा लेने नहीं। चोपड़ा साहब के मन में जैसे साँप लोट गया हो, परन्तु उनको एक और भी आभास हुआ, बल्कि एक अनकही सूक्ष्म धारणा उनके मन में जगी, एक धुँधला सा इरादा,

इस रोज़-रोज़ की टेंशन से निजात पाने का इरादा। जो अपना न समझे, जो निरन्तर उपेक्षा करता रहे, जिसे उनके दुख-सुख, चाहत-नापसन्दगी, आरोग्यता-निरोग्यता का ख़याल न हो, जो केवल संयोगवश ख़ून के रिश्ते की विवशता के कारण एक चहारदीवारी में रहने को बाध्य हो—ऐसे साथ की, भागीदारी की, ऐसे ढोंग की क्या आवश्यकता? इसको समाप्त करना ही सब के हित में था।

जिस दिन बेटे, बहू, पोते को प्रस्थान करना था, चोपड़ा साहब टेलीफ़ोन के आस-पास ही रहे। जहाज़ के उड़ने के समय के लगभग तीन घंटे बाद उन्होंने एयरलाइन को फ़ोन मिलाया और पूछा कि क्या फ़्लाइट टाइम से उड़ी थी और इस समय जहाज़ कहाँ पहुँच गया होगा? जवाब मिला कि जहाज़ ठीक समय पर रवाना हुआ था और अब दुबई के आगे निकल चुका होगा। चोपड़ा साहब को फ़्लाइट्स के बारे में अच्छा ज्ञान था, वे आश्वस्त हो गये कि यदि अब जहाज़ में कोई ख़राबी आयी भी तो वह किसी अरब मुल्क अथवा तुर्की आदि में उतारा जायेगा, भारत वापस नहीं आयेगा। चोपड़ा साहब ने तुरन्त दो परिचित प्रॉपर्टी डीलर को फ़ोन मिलाया, दोनों से कहा यदि वे अच्छे मुनाफ़े की डील चाहते हों तो तुरन्त उनसे मिलने आ जायें। एक को आधे घंटे में आने को कहा, दूसरे को डेढ़ घंटे के बाद। यह लोग अपने-अपने निर्धारित समय पर पहुँच गये। चोपड़ा साहब की गिनती मालदारों में होती थी, उनकी डील और उससे लाभ भी बड़ा होना था।

बहरहाल चोपड़ा साहब ने दोनों प्रॉपर्टी डीलर के सामने अपना बँगला तुरन्त, अधिक-से-अधिक दस दिन में, बिकवाने का प्रस्ताव रखा, अपनी क़ीमत तय कर दी, उससे अधिक मिलने पर डीलर का कमीशन दुगना, बस शर्त यह थी कि बातचीत केवल गम्भीर पार्टी से की जाये और सौदे की भनक लोगों को न लग पाये। इसके साथ ही उन्होंने पास की डी.डी.ए. कॉलोनी में एक तीन बेडरूम का फ़्लैट किराये पर लेने की दरकार की। प्रॉपर्टी डीलर

भौचक्के से उनको घूरने लगे, परन्तु चोपड़ा साहब ने कह दिया कि वे कोई सवाल न पूछें, केवल उनके आदेश का पालन करें।

एक सप्ताह के भीतर दूसरे नम्बर के डीलर एक पुख़्ता प्रस्ताव लेकर हाज़िर हुए। चोपड़ा साहब को प्रस्ताव ठीक लगा, ख़रीददार से दूसरे दिन मीटिंग हुई, अधिक आग्रह पर चोपड़ा साहब ने ख़र्चे इत्यादि के लिए दो लाख कम कर दिये, सौदा पक्का हो गया, ख़रीददार लिखा-पढ़त में एक करोड़ का चेक देकर रवाना हुआ, उसे एक सप्ताह के भीतर कब्ज़ा मिलना था और बाक़ी भुगतान करना था।

अगले दिन चोपड़ा साहब ने सामान पैक करने वालों को बुलाया। अपनी मृत पत्नी की यादगारों को एक सूटकेस में स्वयं अपने हाथों से रखा, कुछ फ़ोटो, कुछ एलबम भी अलग किये, अपने कपड़े, कुछ ख़ास किताबें भी अपने हाथों बैग में रखकर गैरिज वाले कक्ष में भिजवा दिया। बाक़ी सबकुछ पैक होता रहा और एक टैम्पो में डी.डी.ए. के फ़्लैट में जाता रहा। किराये का फ़्लैट जब सामान से खचाखच भर गया, तो बाक़ी फ़र्नीचर आदि बँगले में ही छोड़ दिया गया।

नौकर, बावर्ची आदि बरसों से कार्यरत थे, चोपड़ा साहब उनके लिए भगवान थे। समझ वे सब कुछ रहे थे, बड़े दुःखी मन से आदेशों का पालन कर रहे थे, और जब चोपड़ा साहब ने सबको एक-एक करके ऊपर के हॉल में बुलाया और घर का बचा हुआ सामान बाँटना शुरू किया तो प्रत्येक व्यक्ति फूट-फूटकर चोपड़ा साहब के पैर पकड़ कर रोया। चोपड़ा साहब ने सबको चादर, तकिये, तौलिए, लिहाफ़ गद्दे जैसे सामान दिये, अन्त में एक लिफ़ाफ़ा जिसमें बड़ी रकम का चेक था, प्रत्येक नौकर के हाथ में रखा। विदाई गले लगाकर की, आँसू बहाकर की, परन्तु बेटे बहू के विषय में कोई टिप्पणी नहीं की।

अगली सुबह उन्होंने विश्वासपात्र चौकीदार को बुलाया, उसे डी.डी.ए. फ़्लैट की चाभी दी और लिफ़ाफ़े में बन्द एक पत्र,

इस आदेश के साथ कि राहुल के लौटने पर चाभी और पत्र उसको सौंप दिया जाये, मगर उससे कुछ कहा न जाये, यह तो हरगिज़ नहीं कि वे स्वयं कहाँ गये और कहाँ रह रहे हैं।

पत्र में लिखा था—

राहुल जी...

जिस घर में मेरी ज़रूरत न हो वह घर मेरे किस काम का? एक तिरस्कृत बोझ की तरह साथ रहने का क्या अर्थ? सम्भवतः सोने का अंडा देने वाली मुर्गी की देखरेख मुझसे अधिक अच्छी होती हो? अतः मैं यह अर्थ-विहीन रिश्ता यहीं समाप्त करता हूँ। तुम स्वयं कमाते हो, अपने बल पर रहो वैसे भी मेरी आवश्यकता तुम्हें नहीं है। घर का सामान तुम्हें सौंपता हूँ जो डी.डी.ए. के फ़्लैट नं. 111 में बन्द है, और चाभी तुम्हें सौंपी जा रही है। फ़्लैट का तीन महीने का किराया दिया जा चुका है। कामना करता हूँ कि तुम सपरिवार सुखी एवं स्वस्थ रहो। मुझसे मिलने का कष्ट न करना।

बंसीधर चोपड़ा

यह सब बताकर चोपड़ा साहब बुरी तरह रोने लगे। बिपिन बाबू ने उनका कन्धा पकड़कर शान्त कराया और कहा, "भई, आपने तो बहुत हिम्मत दिखाई, इतना बड़ा निर्णय, इतना बड़ा क़दम, मगर एक तरह से आपने बिल्कुल सही किया। स्वार्थ, और केवल स्वार्थ, और माता-पिता के प्रति ऐसी उदासीनता? नहीं नहीं, तिरस्कार, ऐसा घोर तिरस्कार...इसके लिए माफ़ी नहीं हो सकती...।"

कुछ देर दोनों निर्वाक् रहे, फिर बिपिन बाबू बोले, "आयेंगे, दोनों माफ़ी माँगने आयेंगे, गिड़गिड़ाएँगे। मगर जब आपने यह क़दम उठा ही लिया है तो अभी इस पर कायम रहिए, कुछ दिनों के लिए ही सही। अब यह होटल छोड़िए और मेरे साथ चलिए। बाद में सोचिएगा क्या करना है।"

* * * * *

वरिष्ठ नागरिक सभा की अगली मीटिंग में, बिना चोपड़ा साहब का नाम उजागर किये, बिपिन बाबू ने यह वृत्तान्त सुनाया। चारों ओर से आवाज़ें आने लगीं—"ठीक किया, ससरूऊ ऐसे बेटे बहू के साथ ऐसा ही होना चाहिए, अब अकल ठिकाने लगी होगी...।"

सही मौक़ा समझकर बिपिन बाबू बोले, "यहाँ भी कई भाई इसी तरह के असन्तोष, दुःख और ग्लानि में जी रहे हैं। यहाँ तक कि अपना आत्मसम्मान, अपनी पहचान भी खोते जा रहे हैं, यदि आप मेरे मित्र के दृढ़ निश्चय और कार्य की सराहना करते हैं, तो स्वयं भी हिम्मत जुटाइये और ऐसा क़दम उठाइये जिससे आपका वर्चस्व और आपकी मनोशान्ति बनी रहे।"

श्रोताओं के मुखौटों पर दृढ़ता और स्वाभिमान की कुछ लकीरें देखकर बिपिन बाबू और आगे बढ़ गये, "आप सब पेंशनयाफ़्ता नज़र आते हैं, तो लाचारी किस बात की? छोड़िए ऐसी रोज़-रोज़ की टेंशन, तू-तू, मैं-मैं, तिरस्कार, ग्लानि। अपना रास्ता अलग कीजिए—अपने हमउम्रों का साथ, एकान्त, पूजा-पाठ, शान्ति। चलिए, ऐसे सब लोग एक साथ रहें, एक-दूसरे का सहारा बनें और अपनी मर्ज़ी से जिसे चाहे मिलें, जो चाहे करें...।"

"ठीक तो कह रहे हैं, चलिए कुछ किया जाये"—यह आवाज़ थी केवलराम जी की जो पिछली मीटिंग में फफक-फफक कर रोये थे।

"तो बताइए क्या किया जाये"—यह वाक्य था दुर्गादास जी का जिनके बेटे-बहू बीमार होने पर दवा तक नहीं कराते थे।

बिपिन बाबू कच्ची बात तो करते नहीं थे, हल उनकी ज़बान पर था। बोले—"सरयू के किनारे आबादी से हट कर एक छोटा मन्दिर मैंने देखा है। इस मन्दिर में सात-आठ कमरे हैं जिन्हें पुजारी किराए पर उठाता है। मेरी समझ से वरिष्ठ नागरिकों के रहने के लिए यह स्थान बड़ा उपयुक्त रहेगा। सब लोग अपना-अपना कमरा लें, एक कमरा सार्वजनिक हो, एक चौका जिसमें मनपसन्द भोजन बने, सारा ख़र्चा बाँट लिया जाये। मैं तो यह कहूँगा कि

यदि कोई वृद्ध अपना ख़र्चा न उठा सके, तो यह सभा उसके लिए प्रबन्ध करे।"

ख़ूब तालियाँ बजीं। बिपिन बाबू की ओर श्रद्धा, सम्मान बढ़ा। सब लोग प्रसन्न दिखे जैसे कोई बड़ा काम सम्पन्न कर लिया हो। बिपिन बाबू भी उत्साहित हो चले।

वे बोले, "तो चलिए, परसों रविवार है, हम सब लोग प्रातः नौ बजे इस मन्दिर पर एकत्रित हों, जगह देखने के बाद आगे की कार्यवाही पर विचार हो।"

सब प्रसन्न मुद्रा में हाँ, हाँ कहकर रवाना हुए। अगले रविवार को बिपिन बाबू नौ बजे से पहले ही मन्दिर पहुँचकर औरों की प्रतीक्षा करने लगे। एक घंटा बीत गया। पुजारी के घर से पानी और दो पेड़े आये। एक घंटा और बीता। पुजारी स्वयं एक गिलास चाय लेकर आये। पुजारी ने पूछा, "किसी की प्रतीक्षा कर रहे हैं, बाबूजी?"

बिपिन बाबू चौंक गये। बोले—"नहीं, नहीं, ऐसा कुछ नहीं।" ऐसा कहकर वे अपनी कार की तरफ़ चल पड़े।

❑❑